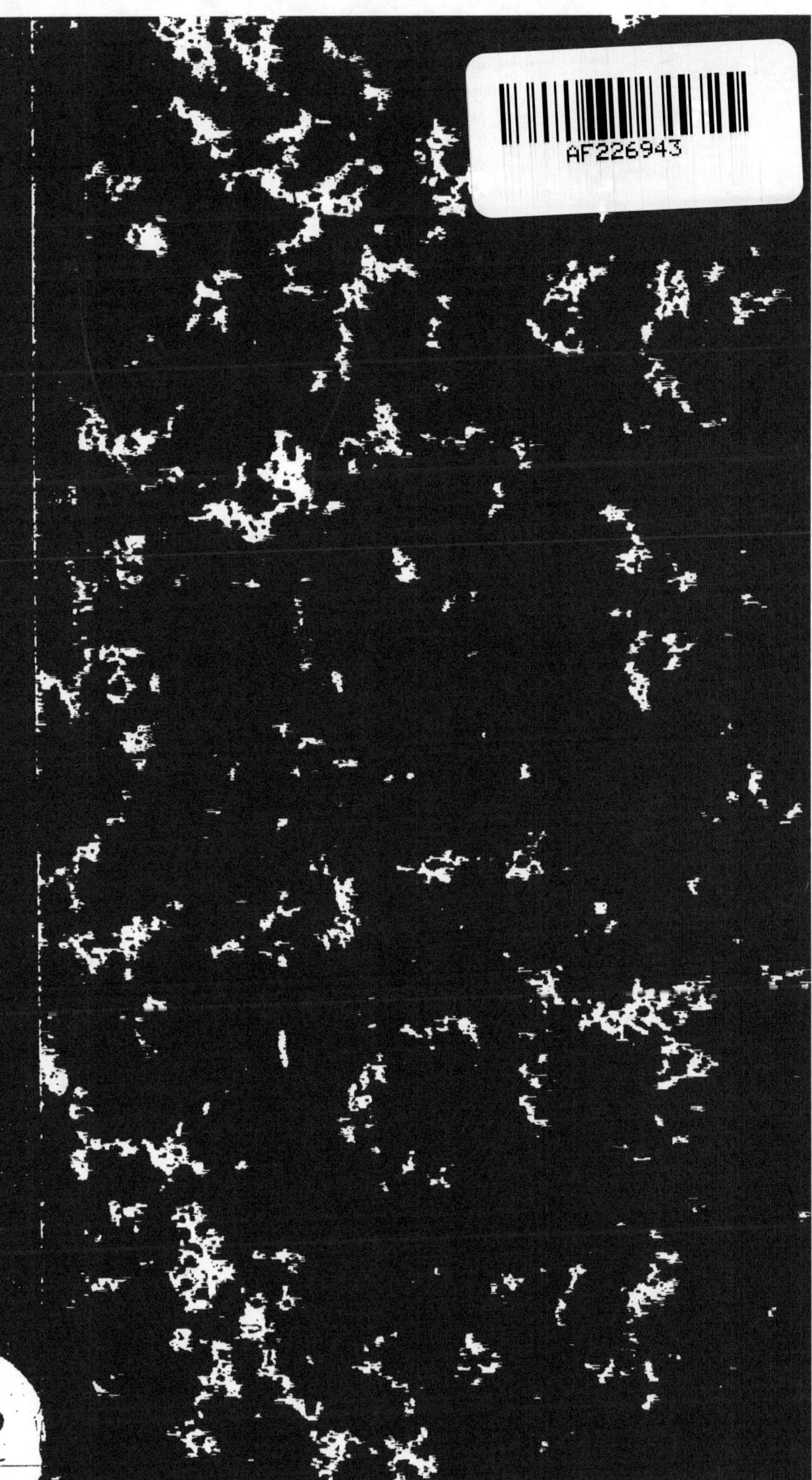

ESSAI POLITIQUE

SUR

L'ÉTAT ACTUEL

DE LA FRANCE,

Par JOSEPH DESPAZE.

A PARIS,

Chez les Marchands de Nouveautés.

An 5e. de la république.

ESSAI POLITIQUE

SUR L'ÉTAT ACTUEL
DE LA FRANCE.

LES passions l'emporteront-elles encore sur la sagesse ? Tout meurtris des chocs révolutionnaires, tout couverts de larmes et de sang nous élancerons-nous de nouveau dans l'arène des combats ? Ceux, qui frémissoient à la seule idée d'un bouleversement social, prendront-ils à leur tour le titre de destructeurs ? Forceront - ils les vrais citoyens à réclamer le secours d'indignes auxiliaires ? Dix factions, opposées dans leurs vœux mais réunies par l'intérêt, se formeront-elles en deux grands partis ? Et ces deux partis, également opiniâtres, également furieux, se disputeront-ils les lambeaux du plus bel empire du monde ? Oui, Français, trop de motifs autorisent de sinistres pressentimens. Ce sont toujours des théories qui nous

A 2

divisent; c'est l'amour-propre qui se réveille; c'est le ressentiment qui menace. Redoutez son explosion; les effets en seroient terribles; les sectaires politiques ne pardonnent pas. Ceux-ci brisoient naguère les hochets de l'orgueil avec une rage puérile; ils déchiroient des parchemins; ils insultoient des simulacres; ceux-là veulent maintenant que les novateurs, confondus avec les bourreaux, soient traités sans distinction, accablés du même arrêt, et livrés au mêmesupplice. Forcés momentanément de capituler avec les choses, ils prétendent n'accorder aux hommes aucune espèce de transaction. Ils ne voient pas que les hommes et les choses sont tellement liés entre eux, forment un tout de telle nature qu'il faut le conserver intact, ou l'anéantir jusques dans ses moindres parties. Insensés, quoi! vous sillonnez, palpitans d'effroi, le sein d'une mer orageuse; les vents grondent autour de vous; l'abîme mugit sous vos pieds : et , parce que le pilote qui vous conduit eût le malheur de vous déplaire , vous l'outragez sans égard , vous dérangez ses calculs , vous arrachez de ses mains la boussole protectrice ! Achevez , mettez le comble au délire de l'imprévoyance ; mais tremblez ensuite : les dangers augmentent ; les écueils vont être blanchis de vos ossemens.

« Le moyen de respecter ce qui » existe, me direz-vous ! Tant d'in- » justices ont été commises ! Tant de » familles honnêtes languissent en » proie au besoin ! Tant de brigands , » tirés de la boue, rayonnent d'éclat » et d'opulence ! Les vainqueurs ont » tant abusé de leur triomphe ! Les » vaincus ont tant souffert depuis » l'incendie des châteaux jusqu'aux » noyades de Carrier ! » Et qui nie ces attentats ? Qui n'a pas craint d'en être victime ? Pourquoi confondre sans cesse les apôtres d'une opinion avec les panégyristes du meurtre ? « Ces » derniers ont long-tems tenu le scep- » tre, ajouterez-vous ? » Eh ! qui les a détrônés ? Sont-ce les partisans des rois qui les ont saisis corps à corps, qui les ont précipités dans la tombe ? Robespierre a-t-il péri par le glaive de Bouillé ? L'éloquence de Cazalès détermina-t-elle la déportation de Collot-d'Herbois ? d'Enguien commandoit-il la troupe hardie qui chassa du Sénat les Janissaires de Soubrany ? Les transfuges d'outre-Rhin ont-ils fermé le Panthéon, soumis la légion révoltée, dispersé les groupes perturbateurs, jonché de morts le camp de Grenelle ? Est-ce un édit de Monsieur qui a conduit Babœuf à l'échafaud ? Avant les secousses réitérées, qui vont peut-être ébranler nos villes jusques dans leurs fondemens, notre état s'amélioroit chaque jour ; les loix couvroient de leur égide les propriétés et les personnes ; l'ordre public, la confiance repa-

roissoient ; les haines sembloient s'as-
soupir ; les torches de la guerre étoient
prêtes à s'éteindre : et la gloire de ces
changemens revenoit, sans partage ,
aux révolutionnaires modérés , aux
amis du systême actuel. Convenez-en ,
ou prouvez-nous qu'il peut exister des
effets sans cause.

Il est vrai que vos imprudences ont
pour prétextes vos terreurs. Vous
abhorrez moins la constitution que
vous ne craignez l'anarchie. Hélas !
je ne pallierai pas les maux qu'elle
nous a faits. C'est elle qui jusqu'à pré-
sent a ourdi toutes les trames , tenté
tous les coups de main, soldé tous les
conspirateurs, excepté pourtant ceux
de Vendémiaire et les complices de
Lavileurnoy. Il n'est pas un principe
moral qu'elle n'ait altéré, pas un mal-
faiteur qu'elle n'ait mis en œuvre, pas
un homme de bien qu'elle n'ait pros-
crit. Ses satellites , si redoutables du-
rant le cours de sept années, s'agit-

toient encore il y a deux mois. Depuis deux mois ils ne peuvent rien. Ils n'ont plus d'amis, plus d'honneurs, plus de trésors, plus de phalanges ; il ne leur reste de leurs exécrables succès que l'ignominie et le désespoir. A peine entend-on leurs clameurs. Ils se perdent au sein d'une foule immense qui les maudit. Ils seront contraints d'aller chercher le repos en d'autres climats, si, les servant à votre insçu, vous ne les rendez dangereux en les rendant nécessaires.

Disons-le donc, sans aigreur, mais avec franchise : la guerre est déclarée aux véritables républicains. On les attaque indirectement , bientôt on les appelera dans la lice, on tentera de les accabler. Et cependant c'est d'eux seuls qu'on devroit attendre le salut commun ; et cependant leurs opinions concilient, sous plus d'un rapport, les opinions contraires. Les démagogues en effet détestent le nom de roi et

les

les privilégés de la naissance ; les républicains partagent ce ressentiment. Les
royalistes demandent sur-tout à jouir
dans le calme du revenu de leurs biens,
du produit de leur industrie ; les républicains forment les mêmes vœux avec
la même sincérité. Ils ont avec les deux
partis rivaux des nuances qui les rap-
prochent et pour ainsi dire des points
de contact. Ces deux partis n'en ont pas
entre eux. Rompez la barrière qui les
sépare, toutes leurs idées se heurte-
ront ; ils ne discuteront pas ; ils ne cher-
cheront qu'à se détruire ; on verra des
échafauts d'un côté, des potences de
l'autre, des cadavres de toutes parts.

A cette première considération se
joint en faveur des constitutionnels un
autre avantage bien important. S'ils
ne sont pas le peuple même, on doit con-
venir au moins que le peuple est iden-
tifié à leur sort, et que leurs sentimens
ne sauroient beaucoup différer puisque
leurs intérêts se confondent. On s'étaye

B

des mécontens ; on parle de majorité. Quand un pareil calcul seroit exact, à quelles espérances pourroit-il raisonnablement donner lieu ? Sans doute une grande partie de la nation gémit et se plaint : elle appelle la paix à grands cris ; elle porte un œil d'effroi sur le gouffre des finances ; elle brûle de rendre au néant politique les hommes perdus de réputation ; elle voudroit voir la morale en crédit, les tribunaux armés d'une salutaire rigueur, les impôts équitablement répartis. Elle éprouve, plus que jamais, le besoin de l'ordre et de la prospérité. Le commerçant déplore l'état de ses affaires languissantes, l'artiste celui de son attelier désert, l'agriculteur celui de ses terres incultes. Ce père maudit le jour où son fils fut arraché de ses bras ; ce rentier tombe en gémissant aux genoux de l'Eternel ; il lui demande une vengeance terrible comme ses malheurs. Oh ! que vous me semblez féroces, vous qui voyez dans ce tableau une série de forfaits ! Oh ! que vous me paroissez absurdes vous qui prenez ces accens pour un appel à la monarchie ! Chacun sent que les grandes secousses l'ont ou meurtri, ou froissé. Ceux qui sont mal desirent le bien , ceux qui sont bien convoitent le mieux. Tous s'agitent , tous s'empressent ; beaucoup se rencontrent dans les mêmes routes, mais peu tendent au même but. Leur supposer des combinaisons politiques, une répugnance raisonnée pour le système représentatif, un inviolable attachement à l'unité exécutive, c'est prétendre allier ensemble l'ignorance et le savoir , les ténèbres et la clarté ; c'est prêter à un enfant l'audace et la force d'Hercule.

Je le sais trop. Il en existe de ces hommes que le malheur n'a pas changé, que l'évidence n'a pas convaincu ; pour qui république et cahos sont des expressions synonimes.

qui ne conçoivent pas d'ordre social
sans une caste privilégiée, sans un
culte dominant, sans un chef héré-
ditaire ; qui, par un orgueil plus ri-
dicule encore que coupable, nient les
droits de leurs égaux, remontent sur
leurs échasses, retournent à leurs
écussons, reprennent sérieusement les
titres de comtes et de marquis. Il en
est qui, moins remarquables par leurs
travers, sans être pour cela moins
opiniâtres dans leurs principes, prétendent échaffauder un trône à leur
manière, et se flattent d'y placer un
parvenu. Les uns et les autres pour-
suivent leur chimère avec une sorte
d'acharnement : ils renonceroient à la
vie plutôt que de renoncer à leur
espoir. Mais séparez-les des mécontens dont j'ai répété les clameurs ; iso-
lez, classez, comptez les individus
dont se compose cette double secte,
et vous trouverez qu'ils sont à notre
immense population seulement ce

qu'une est à mille. De plus ils ne s'accordent ni sur les moyens d'obtenir un triomphe , ni sur le parti qu'il leur conviendroit d'en tirer. Ils savent ce qu'ils ne veulent pas ; ils ignorent ce qu'ils desirent. Ils voient par-tout la confusion ; et la confusion n'est nulle part aussi complette que dans leurs idées : réssucitera-t-on le despotisme dans sa hideuse difformité ? Composera-t-on avec le génie de l'indépendance et de la philosophie ? Exaucera-t-on les vœux secrets que sembloit avoir formés Montesquieu ? Courberons-nous la tête sous les lois de notre implacable ennemi ? Tentera-t-on de réaliser les rêves des publicistes de 89 ? Crééra-t-on un premier foncionnaire public dépendant d'une chambre unique , gourmandé par elle à chaque instant , traversé par elle à chaque pas, conduit par elle à la lisière ? Auquel des prétendans accordera-t-on le périlleux honneur de commander ? Dans cette bisarre lutte, qui l'emportera de Monsieur ou du duc d'Yorck, de Dartois ou de d'Orléans, de Condé ou de Bonaparte ? Et, ce premier obstacle applani, l'édifice une fois reconstruit, par quel étais en assurera-t-on la durée ? Composera-t-on la nouvelle cour de nobles ou de propriétaires ? Arrachera-t-on le droit de cité aux neuf dixièmes de la nation ? Rendra-t-on aux ministres du culte romain l'empire illimité des consciences ? Rappelera-t-on ces transfuges coupables au moins d'une fatale imprudence, d'une lâche désertion, et qui scandalisoient l'Europe du spectacle de leur orgueil, tandis que les proscripteurs, de leur verge ensanglantée, nous frappoient comme un vil troupeau ? Remettra-t-on en leur pouvoir leurs priviléges surannés et leurs domaines par-tout vendus ? Nos campagnes redeviendront-elles périodiquement la

proie du fisc, des curés et des sei-
gneurs ? Portera-t-on au désespoir la
horde anarchique en révoquant les
bienfaits du pardon qu'elle a reçu ?
Imprimera-t-on le sceau- de l'ignominie sur le front des innombrables
héros qui défendirent, avec tant de
gloire, le territoire Français ? Tels
sont les effrayans problêmes qu'au_
roient à résoudre les royalistes vainqueurs, et qu'ils ne résoudroient
qu'après trente ans de guerre civile.

Cette certitude, à laquelle il n'est
pas permis de se refuser, suffiroit
presque pour rendre nulles leurs tentatives du moment. L'observateur
trouve dans leurs rapports sociaux,
dans leur organisation morale, d'autres
motifs de sécurité. En général leur
caractère, quoique irascible, n'est pas
belliqueux. Ils traceront mille plans sans
savoir comment en exécuter un. La ré-
volution les a placés dans une demeure
où tout leur déplaît, où tout les gêne.

Devant eux est un autre asyle qu'ils décorent du nom de Palais. Ils en contemplent l'architecture, ils en admirent les compartimens, ils brûlent de franchir l'intervalle qui les en sépare ; mais cet intervalle est un abîme, et la crainte les enlace d'un nœud de fer. Encore si leurs partisans consentoient à devenir leurs satellites ; s'il leur suffisoit de donner l'impulsion ; s'ils pouvoient frapper par les mains d'autrui ! Mais les pauvres, éclairés enfin à leurs dépens, ont rompu avec la révolte ; les riches n'ont jamais songé à faire pacte avec elle. Nos marchands déclameront bien contre le tarif des denrées , le Bureau central, les Législateurs et les Gouvernans; nos banquiers rivaliseront bien dans leurs plaintes avec les grands qu'ils ont remplacés et qu'ils voudroient imiter en tout; nos jeunes gens, par frivolité , par manie , condamneront bien , sans appel , ce qu'on fit , ce qu'on fait, et ce qu'on fera. Dites à ces censeurs

seurs bruyans d'unir les actions aux paroles ; conjurez - les de quitter leurs banquets, leurs phaétons, leurs boudoirs pour courir au champ de bataille ; et chacun d'eux vous prouvera combien on s'abuse, combien on fait preuve d'inexpérience, lorsqu'on fonde sur l'énergie de la classe aisée l'exécution d'un vaste complot.

Si des craintes sont permises, s'il importe d'en concevoir, c'est relativement à l'avenir. Les Français ont peu de mesure : ils saisissent avec transport les moindres lueurs d'espoir, ils se passionnent à la seule idée d'un changement, ils vont d'une extrême à l'autre avec la rapidité de l'éclair. L'élan révolutionnaire leur fit dépasser le but ; une marche rétrograde peut aussi les mener trop loin. S'ils n'y prennent garde, on s'emparera d'eux, on circonviendra leurs cœurs, on extorquera leurs suffrages, on aura l'air d'agir en leur nom, on leur promettra

C

les biens les plus précieux; on ne leur
donnera que des chaînes. Ils s'imagi-
neront rendre son empire à la vertu,
porter le dernier coup au monstre de
l'anarchie, se soustraire pour toujours
à la pression du malheur : le malheur,
retombant sur eux, les accablera de
son poids. Ceux même, qui auront pris
une part active à l'insurrection, ne
tarderont pas à s'en repentir. Ils auront le sort de ces reptiles qu'on craint
de blesser lorsqu'on les saisit dans leurs
marais; qu'on place avec précaution,
sur les veines d'un malade; qui croient
qu'on s'occupe de leurs besoins; qui se
gorgent de sang à loisir; qu'on écarte
ensuite avec horreur, et qu'on écrase
sans pitié.

Le dirai-je! en pareil cas une pros-
cription générale ne seroit et ne devroit
être, aux yeux du parti triomphant,
qu'un grand acte de justice. Il pourroit
punir au hasard, il ne rencontreroit
que des coupables. « Je vous ai vu,

« criroit-il aux déclamateurs qui croient
« partager ses destins parce qu'ils imi-
« tent sa colère, je vous ai vu saper
« les bases d'un gouvernement légitimé
« par un siècle de splendeur ; je vous
« ai vu, d'un bout de l'empire à l'au-
« tre, arborer en un instant les ban-
« nières de la licence, vous former en
« bataillons aggresseurs, porter en
« triomphe le plus redoutable ennemi
« de vos anciens maîtres, et dans votre
« ivresse patriotique déifier presque
« son cheval blanc ; je vous ai vu fiers
« et terribles lorsque l'autorité légitime
« essayoit de se déployer, indifférens
« et pusillanimes pendant qu'on assié-
« geoit votre roi, pendant que douze-
« cent Suisses versoient pour lui leur
« sang généreux jusques à la dernière
« goutte ; je vous ai vu répondre au
« dévouement des véritables Français
« par des marques de réprobation, par
« des témoignages de dédain, vous
« élancer sur leurs propriétés aban-

« données, comme sur un butin légi-
« timement acquis, vous porter en
« foule dans les bureaux d'une loterie
« où vous espériez troquer un écu con-
« tre un million qu'on leur voloit,
« recevoir avec gratitude, sanctionner
« avec empressement un code consti-
« tutif qui les condamnoit à un exil
« perpétuel, célébrer les fêtes qui rap-
« peloient leurs malheurs, fouler en
« riant les gazons de leurs jardins, et
« danser sous leurs lambris ; je vous ai
« vu tressaillir de joie en apprenant que
« dix puissances s'humilioient devant
« une bande de perturbateurs, et leur
« accordoient la paix la plus honorable
« pour prix des plus odieux attentats ».
J'ignore quelles excuses on opposeroit
à un tel acte d'accusation : chaque mot
qu'il contient autorise, provoque un
arrêt de mort. Et certes ceux que j'y
signale, n'auroient pas le droit de se
plaindre, si le pouvoir, tempéré par la
clémence se bornoit à les flétrir, à leur

interdire les emplois publics, à les placer despotiquement sous la verge de
la police, à les traiter en lâches factieux.

Beaucoup de gens croient à l'impos-
sibilité d'un semblable renversement.
Ils se trompent. En ce genre, rien n'est
difficile qu'un premier succès. Si nous
avons surpris le secret des rois, ils sont
convaincus maintenant de la foiblesse
des peuples. Grace au souvenir des
forfaits commis par nos proconsuls, il
leur est physiquement démontré qu'a-
vec cent mille hommes on peut en op-
primer, en mutiler vingt millions. L'intolérance d'un parti dénonce sans cesse
les écarts de l'autre ; ils se déclarent
tour-à-tour dignes de blâme et de châtiment. Si cet exemple étoit contagieux
pour moi, si je ne regardois la modéra-
tion comme le premier attribut des
esprits justes et des bons cœurs, je
m'unirois aux vœux des hommes que
je combats, je desirerois que le sort

accordât à leurs projets quelques heures
d'execution, qu'il les mît un instant en
scène avec les personnages d'autrefois.
On les abreuveroit de tant de dégoûts ;
l'éclat, les prétentions, l'arrogance de
ceux qu'ils auroient servis leur paroî-
troient tellement injurieux ; ils seroient
si surpris de se voir replacés au troisième
rang ; si humiliés de s'entendre appeler
bourgeois, qu'ils passeroient, des regrets
amers, au comble de l'indignation. Ils
plaident maintenant la cause de la
royauté : ils verseroient alors des pleurs
sur le tombeau de la république.

Et nous n'essayerions pas de les ramener à des sentimens plus paisibles !
Nous ne briserions pas le fer dont ils
sont armés, ce fer qui luit sur notre
têté, prêt à se tourner contre leur sein !
Qu'ils calomnient notre zèle ; qu'ils
maudissent notre dévouement. L'es-
sentiel n'est pas de leur plaire, mais de
les sauver. Les sauver ! Empêcher que
les élémens de la politique et de la

morale, ne se bouleversent une seconde fois! Retenir, dans les liens de la prudence, un peuple impétueux et léger! prévenir une épouvantable réaction qui imprimeroit sur chaque point de notre sol la trace de ses ravages! Ce triomphe seroit encore plus doux que glorieux. Pour le remporter, la fureur des clubs, l'appareil des camps sont inutiles ; il suffira de combattre les nouveaux sophistes, par de sages considérations et de solides raisonnemens.

En vain répéteront-ils que nous avons contre nous la supériorité du nombre, que nous sommes des insurgés. La constitution est là pour les démentir. Son existence est un argument de fait auquel ils ne répondront jamais : car elle n'existeroit pas si le peuple ne l'eût voulu. Non que je prétende nier une circonstance fâcheuse. On s'en rappelle et j'en conviens; le mot république sortit en 1793, de la bouche des brigands. Ceux qu'il choqua le plus , n'osèrent hasarder aucune objection. Les jacobins, les cordeliers, la commune, étoient de si terribles logiciens ! Quand, au contraire, le même mot fut reproduit avec la chose en 95, quand la Convention publia le projet de son second code, les échafauds étoient renversés; la terreur ne glaçoit plus que les ames de ses anciens sicaires, ou dépassoit même à leur égard les bornes d'une légitime indignation : nos places publiques étoient teintes de leur sang; nos fleuves rouloient leurs cadavres; rien ne commandoit à l'opinion : et cependant elle approuva, elle adopta le travail soumis à son examen. Une poignée de votans déposa seule, dans l'urne nationale, des bulletins négatifs; et voilà ceux qu'on peut accuser d'une foiblesse pusillanime; voilà ceux qui se mirent en garde contre l'avenir, puisqu'ils se réservèrent la faculté de dire un jour aux anarchistes : « nous ne voulûmes « pas d'un ordre de choses attentatoire

« aux

« aux droits du Souverain , » puisqu'ils étoient sûrs de plaire d'avance aux amis des rois, en repoussant un systême qui n'admettoit pas de suprême régulateur. La dernière de ces assertions est sans réplique. On s'imaginera détruire l'autre en rappelant les désastres de vendémiaire ; ces désastres eurent pour motif les décrets des 5 et 13 exclusivement. La nation , préférant alors la morale à la politique , ne vouloit avoir pour législateurs que des élus de son choix. Et cette résistance, dont on espère tirer parti, étoit un nouvel hommage rendu par elle au nouveau pacte social : elle ne pensoit pas que des principes aussi purs , qu'une théorie aussi sage , puissent être mis en vigueur par une assemblée où siégoient encore des démagogues insensés.

On est entré depuis dans des discussions didactiques : on a porté le compas sur chaque partie du monument protecteur. L'un a gravé sur son

D

frontispice : *Ici il n'y a plus d'espérance ;* l'autre s'est beaucoup égayé sur la vertu magique du nombre cinq. Que prouvent de pareils arrêts ? L'excessive confiance et la présomption de ceux qui les portent. Depuis long-tems tout est déplacé au moral ainsi qu'au physique. On a vu siéger au sénat certains personnages, par un rapprochement assez naturel chacun s'est cru un Solon. On a retenu quelques maximes de Jean-Jacques, quelques paragraphes de nos journaux ; on s'est fait quelques idées sur la division des pouvoirs , sur le systême des contre-poids ; et le domaine de la politique est devenu, pour ainsi dire , un bien communal. Quiconque sait lire se croit aujourd'hui capable de gouverner. Nos maîtres d'écoles, nos commis marchands décrètent une charte constitutionnelle, comme nos aimables d'autre fois rimoient un quatrin à Cloris. De sorte qu'on a dû s'attendre, de leur part, à un concert de huées par cela même qu'on adoptoit un plan contraire à leurs bisarres concep-tions. Mais ce qui nous reste d'hommes instruits, les meilleurs publicistes de l'Europe, nos ennemis les plus pré-venus, reconnoissent de grands avan-tages dans la forme actuelle de notre gouvernement. Ils sentent que la loi, sans rien perdre de sa force, peut avoir plus d'un exécuteur, puisqu'il est vrai que les rois décident tout dans leur conseil, puisque leur conseil se compose de plusieurs individus, puisque ce sont ces individus qui abordent les difficultés, dissipent les incertitudes, et règlent le sort des états. Ils voient dans le renouvel-lement partiel, dans la division de notre corps législatif, une triple bar-rière qui défend les droits de tous contre les tentatives de quelques-uns. L'activité d'une de nos chambres les effrayoit, les lenteurs de l'autre les rassurent. Et ce *veto*, dont les deux pouvoirs se disputoient l'attribution, sur lequel on fondoit plus de craintes encore que d'espérances, ce *veto* dont on ne savoit que faire, met le comble à leur surprise en balançant les passions, en protégeant d'un effort égal le gouvernement et la liberté. Ils se gardent bien de juger comme nos dissertateurs d'antichambre. Une dénomination ne leur en impose pas. La République n'est pour eux qu'un heureux mélange des théories diamétralement opposées, qu'un terme moyen entre les caprices turbulens de la multitude et la volonté tyranique d'un seul. On disoit, il a vingt-cinq mois, qu'elle ne tiendroit pas un jour. Les prophêtes existent encore; que sont devenues les prophéties? Rien ne prouve mieux sa force que la foiblesse des ennemis qu'elle combattit en naissant. Ils étoient alors redoutables. Au lieu de les décourager, leurs disgraces les irritoient : abandonnés par les citoyens, ils tentoient la fidélité des soldats; chassés de nos places publiques, ils se retiroient dans nos fauxbourgs; dispersés sous le bonnet rouge, ils se rallioient sous le drapeau blanc. Ils rivalisoient en opiniâtreté, ils surpassoient en audace nos ennemis du dehors. Ils n'ont pas été plus heureux. Comme Hercule la République a fait des prodiges dès son berceau. Nous ne prétendons pas en abuser. Nous ne nous livrons point à l'enthousiasme qui signala les premiers instans de notre régénération ; nous ne crions plus aux Français : lisez, admirez, adorez. Nous retrouverons nous-mêmes dans ces lois l'empreinte de l'imperfection inhérente à tout ce qui sort de la main des hommes. Nous n'exigeons de nos adversaires qu'une déférence conditionnelle et provisoire sous certains rapports. Ils nous la doivent; ils nous la devroient quand toutes leurs réclamations seroient justes, quand tous nos raisonnemens seroient faux, quand notre constitution n'auroit, sur celles qu'ils lui préfèrent, que l'avantage d'exister.

N'importe. Aigris par leurs ressentimens, fatigués de leur inaction, ils persisteront dans leurs manœuvres. Ils entoureront la forteresse qu'ils veulent prendre ; et, ne pouvant l'emporter d'assaut, ils harcelleront les assiégés, ils creuseront sourdement la mine, ils enlèveront un poste aujourd'hui, une redoute demain ; ils suppléeront à la témérité par l'adresse, à l'impétuosité par l'acharnement. Leur grand espoir est d'occuper, avant peu, toutes les fonctions publiques : et cet espoir est bien moins absurde que tel autre auquel ils se sont jadis livrés. L'intolérance, en les persécutant, a fait oublier leurs torts. Le peuple ne voit plus en eux que des compagnons d'infortune. Il s'attendrit

en leur faveur : il tâchera de les con-
soler en les replaçant à sa tête. Telle
est la marche du cœur humain. A une
atroce barbarie succède nécessaire-
ment une excessive pitié. Les assem-
blées primaires serviront désormais
de théâtre à leur ambition. Déjà s'est
établie entr'eux et les constitutionnels
une lutte morale dans laquelle ces derniers ont un immense désavantage.
On se souvient qu'en provoquant des
réformes partielles , ils amenèrent
un bouleversement général , qu'ils
opposèrent à la tyrannie des cham-
pions encore plus méprisables qu'elle ;
on oublie que cette imprévoyance
leur a coûté cher , que leurs auxiliaires sont devenus leurs géoliers ,
leurs bourreaux ; et l'ignorance, qui
ne distingue rien , qui ne sait pas
analyser, leur demande compte des
pleurs que la patrie a répandus.
Des dangers qui nous menacent, ce-
lui-là est le plus imminent ; il donne

naissance à tous les autres. On ne le conjurera qu'en ôtant un dernier prétexte à la prévention, qu'en reniant les assassins populaires avec une imperturbable loyauté. Ne souffrons plus qu'ils prennent place sous nos drapeaux, qu'ils se proclament nos alliés, qu'ils mêlent leurs fureurs à notre zèle. S'ils pouvoient embrasser sa cause, la vertu même deviendroit un objet d'horreur. Ne pardonnons qu'aux égaremens de l'esprit, qu'à l'exaltation de tête. On n'est point coupable pour avoir soutenu des systêmes erronés : un démocrate de bonne foi, considérant chaque propriétaire comme un usurpateur, a voulu me ravir les dix-neuf vingtièmes de mon champ, et contraindre mes bras à cultiver le reste : je le plains beaucoup plus que je ne le blâme : je l'absoudrois sans balancer si j'étois l'arbitre de son sort; je crois que ses repentirs doivent lui tenir lieu de châtiment;

la

la morale ne s'oppose pas à ce qu'on le déclare républicain ; mais ce titre me seroit affreux s'il me falloit le partager avec les véritables malfaiteurs, avec ces êtres méchans par goût, et féroces par tempéramment, avec ces mostres nés au milieu des tempêtes comme l'écume de la mer, et qui, pendant quinze mois, se sont nourris de chair humaine. Pour ceux-là point d'indulgence. Ils ont reculé les bornes du crime, et l'on respecte leurs jours. C'est assez. Qu'ils ne se mêlent plus des grans intérêts, qu'ils vivent dans l'isolement. La politique le veut ; la nature l'exige : ils forment une espèce à part. Repoussons même l'appui qu'ils nous offrent. Sachons triompher ou périr sans eux. Comme ils feroient haïr la vertu ils déshonnoreroient la victoire.

On achevera d'affermir l'équilibre social en admettant une seconde division du même genre. Les constitutionnels

et les anarchistes une fois bien signa-
lés, il s'agira de ne plus confondre les
royalistes et les mécontens. C'est pour
les avoir traités avec une égale défiance
qu'on a mis la République en péril. Nul
ne veut accorder à ses semblables le
privilége de le juger arbitrairement.
L'outrage aigrit les ames généreuses,
il aliène la raison, il conduit presque
toujours aux vœux indiscrets. Vous
m'appelez conspirateur, parce que je
gémis sur les ruines de ma fortune,
parce que je pleure mon fils. Le premier effet de votre accusation est de
vous rendre odieux à mon cœur. Vous
insistez ; je vous maudis. Je ne crois
plus que votre cause puisse être la
bonne ; mon horreur pour vous retombe
sur elle : et je vote pour le despotisme,
parce que je ne connois pas de despote
qui vous égale en cruauté.

Quoiqu'il en soit, il s'agit moins du
mal déjà fait que du bien à faire. Républicains, dignes de ce nom, abjurez

des préventions injustes et surannées, cessez de compter vos ennemis par le nombre des malheureux. Les accens de la douleur ne sont pas des cris de guerre. On fait preuve d'un jugement faux, on se rend coupable d'un atten- tat national, lorsqu'on désespère de la majorité des citoyens. Ce qui fut n'est plus et ne doit plus être. On vouloit abattre, il faut conserver. A quoi bon désormais l'agitation, l'emportement, la fureur ? Cette espèce d'apathie dont on se plaint, n'est pas aussi dangereuse qu'on l'imagine. Elle est la suite natu- relle d'une longue agitation, elle peut momentanément tenir lieu d'esprit pu- blic ; car l'esprit public, qui naguère étoit une ardeur destructive, doit se composer à l'avenir de sentimens con- servateurs. Le peuple, pour demeurer libre, n'a pas besoin de tourmenter ses destins. Il lui suffit de s'assembler cha- que année et d'élire ses magistrats. Le plus patriote est alors celui qui donne sa

voix au talent, au savoir, à la vertu ;
le plus patriote est ensuite celui qui
exerce son état, qui cultive son héri-
tage avec plus d'activité, qui supporte
le faix des charges publiques avec plus
de résignation, qui voue aux factieux
plus de haîne, qui a pour les loix plus
de respect.

Si des regrets se manifestent encore,
c'est que les maux ne sont pas encore
réparés. Il n'en est pas des nations
comme des individus. Le tems seul dé-
termine, développe, fortifie en elles
les affections. L'ancien gouvernement
ne s'est fait haïr qu'après plusieurs siè-
cles d'existence. Comment la République auroit-elle eu l'art de se faire ado-
rer dans l'espace de vingt mois ? Plus
elle s'éloignera de son berceau, plus
elle attirera d'hommages. On trouvera
son éclat auguste dès qu'il aura pour
lui la magie du lointain.

En attendant, il importe que ses magistrats suprêmes redoublent d'efforts

en sa faveur. Le peuple ne peut rien sans eux. Ses forces sont épuisées, ses vœux indécis, sa volonté nulle. S'ils cherchoient à l'égarer, ils y parviendroient aisément : il suit leurs traces en aveugle. Un peu d'adresse leur suffiroit pour l'entraîner d'écarts en écarts, pour le ramener au point d'où il est parti. J'ai démontré qu'il y trouveroit la honte et le désespoir : ses guides infidèles ne seroient pas plus respectés. Leurs succès ne pallieroient ni leurs anciens, ni leurs nouveaux crimes : les rois et la patrie les condamneroient tour - à - tour. Ils sont déjà bien coupables ceux qui, du faîte de la puissance, méditent une subversion. Ils violent un engagement solemnel, ils trahissent leurs commettans, ils foulent aux pieds les loix de l'honneur. Hommes privés, on tolléreroit leurs opinions les moins mesurées. Ils penseroient comme Maury, que je ne les accuserois pas ; je sais que le moindre objet peut être envisagé sous mille faces, qu'il faut pardonner à chacun de voir par ses yeux et de juger à sa manière. Je respecte jusqu'aux clameurs de ces vieillards qui, ayant vécu soixante ans sous la monarchie, en regrettent même les abus et voudroient, au prix de leur sang, rétablir le despotisme dans ses priviléges les plus odieux. Mais je conçois l'intolérance, lorsque je considère ces mécontens qui tout-à-coup quittent leurs foyers, leur repos et leurs amis pour s'élancer, pleins d'ardeur, sur le théâtre des intrigues; qui, maîtres de tout blâmer parce qu'ils ne prenoient part à rien, substituent l'audace aux regrets et la révolte à la plainte; qui, vouant la République à l'exécration, consentent pourtant à recevoir d'elle du crédit, du pouvoir, des honneurs, des émolumens : qui se constituent ses sentinelles pour livrer son camp à ses ennemis. Quoiqu'il arrive, ces êtres là ne prospèreront point. Ils réaliseroient leurs projets ; ils opéreroient des miracles, qu'on n'en mépriseroit pas moins leur déloyauté, qu'ils n'en inspireroient pas moins cette horreur , digne récompense des traîtres. La constitution nous protège contre la rage des partis. Elle répond de nos propriétés , de nos vies ; le Directoire, les deux Conseils répondent de la constitution. S'ils lui prêtent leur appui, s'ils la secondent de leurs moyens, elle s'assiera sur d'inébranlables fondemens ; elle fera leur gloire et la nôtre. S'ils persistent dans leurs débats, s'ils cherchent à se perdre aulieu de chercher à nous sauver ; si celui-ci appelle à son secours les troupes réglées, si ceux-là s'entourent de citoyens soldats, si des ministres précieux sont disgraciés au Luxembourg, si le fanatisme et la royauté trouvent des vengeurs au manège, malheureux Français que je vous plains ! Vous aurez en huit ans accepté quatre constitutions ; vous les aurez tour-à-tour portées aux nues et traînées dans les égoûts ; les victoires, qui servoient de contrepoids à vos forfaits, deviendront des forfaits elles-mêmes. On alloit vous proclamer le premier peuple du monde, on vous regardera comme un ramas d'insensés, comme une horde de furieux. Français, il en est tems encore, puisque quelques-uns de vos mandataires ferment l'oreille au cri du devoir, puisque leurs passions les maîtrisent, puisqu'ils s'attaquent en gladiateurs au lieu de délibérer en sages, faites tourner contre eux votre voix souveraine , éclatez en accens terribles, dites leur : « la patrie « exige de vous un plus noble dé- « voûment ; elle vous conjure, elle « vous ordonne d'unir vos efforts et « de mettre un terme à vos longues « agitations. Quoi ! l'autorité suprême « est entre vos mains, il vous suffit « de vouloir pour être obéis, et de toutes « parts la vengeance relève ses san-

« glans

« glans drapeaux! votre honorable tâche
« est de commander au Sénat, et vous
« vous formiez naguere en cotteries
« délibérantes , vous ressuscitiez, par
« votre exemple , ces monstrueuses
« associations d'où les crimes et les
« malheurs jaillirent , dans tous les
« tems, comme d'une source inépuisable!
« Les plus importans travaux réclament
« jusqu'à vos loisirs : la société souffre,
« la jeunesse demeure privée d'instruc-
« tion, le code civil est incomplet, le
« pouvoir paternel est détruit , les mal-
« faiteurs échappent à la justice, le vol
« n'est puni que par la flétrissure , l'as-
« sassinat que par les fers , on acquitte
« sur l'intention , le crime se joue des
« tribunaux , le gouvernement reste
« sans crédit, le trésor public sans res-
« source, les armées sans approvisionne-
« ment, les employés sans salaire, les ren-
« tiers sans pain... et vous vous occupez
« tumultueusement d'animosités person-
« nelles! Ah! si les leçons de l'expérience

F

« doivent être perdues pour nous, si nous
« devons remonter le fleuve de sang et de
« larmes qui a failli nous engloutir, si la
« discorde doit, à votre voix, nous rendre
« ses torches et ses poignards, attendez du
« moins, attendez que la grande querelle
« soit terminée, que la paix générale soit
« conclue, afin que l'avide étranger n'ac-
« coure pas au bruit du carnage et ne
« vienne pas s'asseoir sur nos débris. Qui
« vous presse ? Tel gouvernant vous dé-
« plaît. Mais, avant dix mois, les chances
« du hasard tourneront peut-être contre
« lui. Tel article de l'acte constitu-
« tionnel vous semble défectueux. Eh
« bien ! on ne prétend pas en éterniser
« la durée : une assemblée de révision
« décidera peut-être qu'il convient de
« le rapporter. Pourquoi cet excès d'im-
« patience ? Lorsqu'on goûte les avan-
« tages d'un ordre social, même impar-
« fait, trois ou quatre ans passent vîte.
« Un jour d'anarchie est si long » !

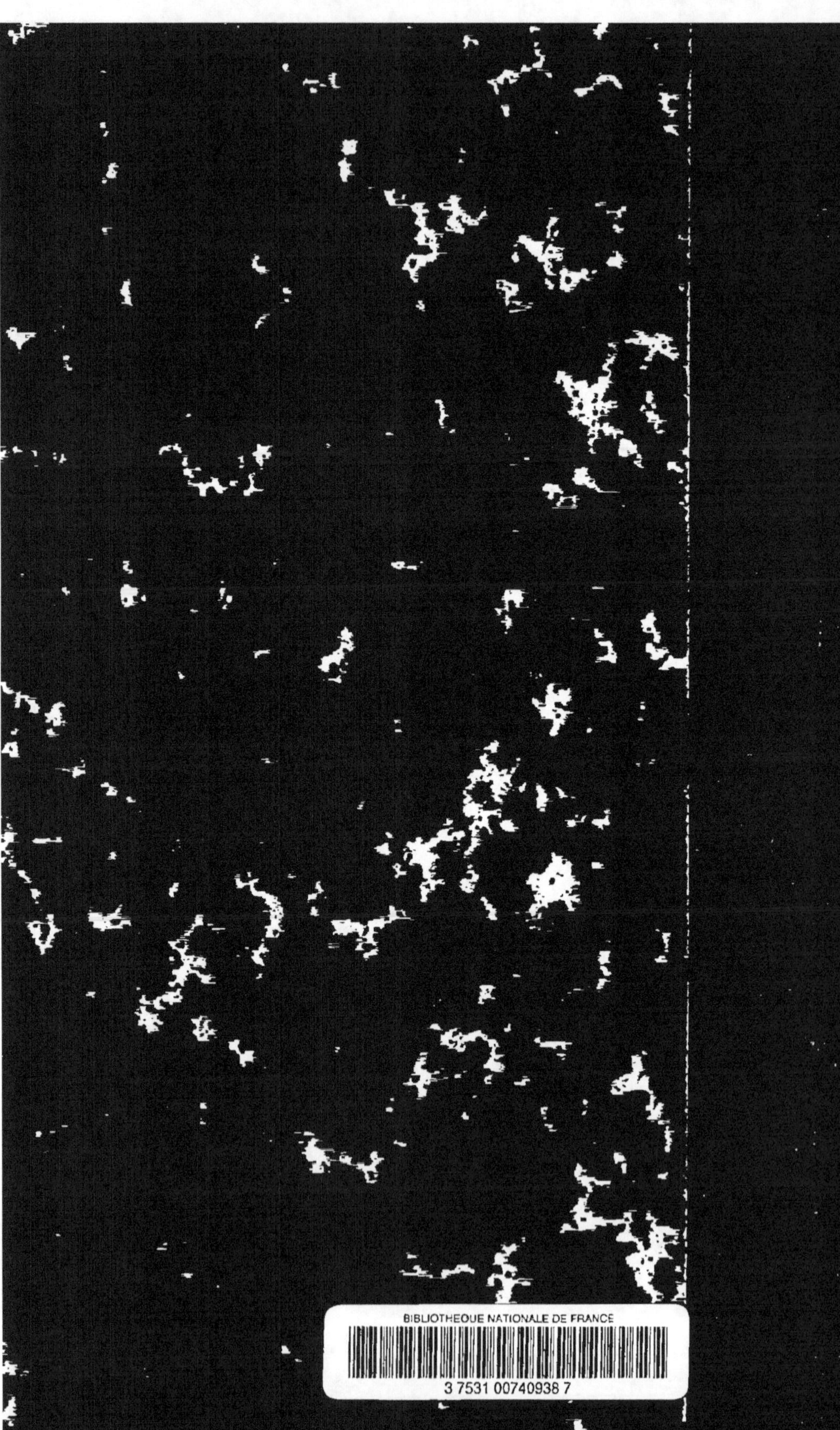